Ek 7212.

ÉGLISE
SAINTE-CLOTILDE
DE PARIS

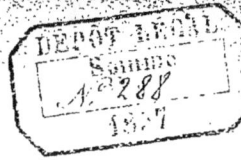

PAR

AUGUSTE BLANCHOT

(Extrait de la *Revue de l'Art Chrétien*)

PARIS
LIBRAIRIE ARCHÉOLOGIQUE D'ALPHONSE PRINGUET
25, RUE BONAPARTE

ÉGLISE

SAINTE-CLOTILDE

L'architecture religieuse, en France, semble depuis de longues années se mourir d'impuissance. Elle s'agite vainement pour imaginer quelque chose de neuf, d'original, de fortement caractérisé, et se trouve réduite, après mille efforts, à l'imitation servile et inintelligente de monuments étrangers, tombés avec les civilisations et les usages dont ils tenaient leur raison d'être.

Tous les styles, depuis le commencement du siècle, se sont donné rendez-vous dans notre pays et surtout dans la capitale, avec la prétention chacun, de s'implanter définitivement sur notre sol, en dépit de nos matériaux, de notre ciel, de nos mœurs, de nos traditions. Nous avons des copies de tous les temples de l'antiquité, qui toutes font la plus triste figure, au milieu de notre atmosphère glaciale et brumeuse. Telle église nous rappelle Karnak, telle autre Pœstum; ici, c'est la colonnade dorique d'Athènes; plus loin, les temples de la Rome d'Auguste. Palmyre et Balbek ont fourni des modèles, et la vieille Etrurie qui manquait à l'appel, vient enfin d'apparaître, humble et plaintive d'abord, au milieu des cyprès du Père-Lachaise, colossale, mais funèbre toujours, auprès du Panthéon. Toutes ces reproductions désordonnées de l'art antique sous toutes ses formes, ne sont autre chose qu'un perpétuel affront au bon sens, et dénotent une pénurie d'idées affligeante, et surtout une indifférence inexcusable à l'endroit de notre art essentiellement français.

« Qu'est devenue l'architecture française, dit M. Cousin? Une fois sortie
» de la tradition et du caractère national, elle erre d'imitation en imita-
» tion, et, sans comprendre le génie de l'antiquité, elle en reproduit ma-
» ladroitement les formes. Cette architecture bâtarde, à la fois lourde et
» maniérée, se substitue peu à peu à la belle architecture des siècles
» précédents et efface partout les vestiges de l'esprit français. »

Nos artistes sacrifient complaisamment de longues années à l'étude des chefs-d'œuvre de la Grèce et de Rome; les derniers monuments du Bas-Empire leur inspirent même de l'intérêt; mais ils tiennent à honneur de professer le plus complet dédain pour tout ce qui s'est produit au milieu de nous, à partir de ce moment jusqu'au XVIe siècle. Pour les lauréats de l'école des Beaux-Arts et plusieurs de leurs éminents professeurs, voilà l'âge de la barbarie. Ainsi donc, Robert de Coucy, Pierre de Montereau, Robert de Luzarches étaient et sont restés des barbares, tout en dressant dans les airs ces gigantesques cathédrales, si hors de proportion avec les temples de l'antiquité; en suspendant leurs voûtes sur de si fragiles appuis, et surtout en contrariant à plaisir l'amour de ces messieurs pour le plein cintre et la ligne horizontale.

Si du moins cette indifférence dédaigneuse trouvait sa justification dans quelque heureuse application de l'architecture classique à nos édifices religieux! Mais que nous ont-ils donné de si imposant et d'une convenance si supérieure? Ils ont oublié que la religion du Christ ayant succédé à celle de Jupiter, avec le nouveau culte étaient venues des pratiques différentes, des cérémonies nouvelles; que l'architecture antique, soumise, d'après leur opinion, à des règles fixes, à un ensemble de proportions inflexibles, ne pouvait se prêter à un ordre de chose si inusité, sans perdre son caractère d'abord, et sans devenir ensuite d'une exécution presque impossible avec les ressources de notre sol. Aussi les avons-nous vus continuellement aux prises avec des difficultés insurmontables, lorsqu'il s'est agi de ménager le plus grand espace possible à la nombreuse assemblée des fidèles, d'amener le jour sous leurs voûtes sombres, de pratiquer des chapelles, d'appuyer des clochers. Ils ont dû chaque fois se résigner à dénaturer leurs modèles antiques, à les rendre disgracieux, lourds et méconnaissables.

La foule qui, dans son ensemble, possède un sentiment exact du beau et du vrai, n'a jamais pu s'habituer à ces tentatives insensées; et l'on ne saurait trop le redire, jamais de semblables importations ne réussiront à se naturaliser en France. Tant qu'une vieille cathédrale demeurera debout au milieu de nos cités, le peuple, pour qui la tradition n'est pas un vain mot, ira s'y agenouiller de préférence; car, rien ne lui fera oublier que c'est là l'œuvre grandiose, la création de ses pères, et qu'il est bien téméraire de vouloir lui imposer des formes étrangères, mesquines et inintelligibles pour lui, lorsqu'il tient de ses ancêtres des monuments incomparables nés au sol de la patrie.

Plutôt que de se laisser entraîner par un enthousiasme si absolu pour l'art antique, que nous connaissons d'une manière si incomplète, n'eût-il pas mieux valu étudier d'abord les nombreux monuments qui enrichissent encore nos provinces? Ce ne peut être un art incomplet, que cet art ogival qui a présidé à des constructions si multipliées, si variées dans leurs formes, si bien appropriées à leur fonction; qui a dominé pendant près de trois cents ans avec des éléments empruntés, si l'on veut, aux âges antérieurs; mais qu'il s'était assimilés par des modifications profondes. Sans vouloir pour cela retourner en arrière, sans se proposer de recommencer le moyen-âge, il était bon d'examiner si les architectes du xiiie siècle avaient satisfait habilement et complètement à leur donnée. On s'y est refusé, on a persisté à regarder le style de Périclès comme la dernière et presque l'unique expression du beau en architecture; et, singulière inconséquence, quoique l'on ne craignît rien tant que de rétrograder, on trouva plus simple de remonter vingt-trois siècles que de s'arrêter à saint Louis.

Cependant, au milieu de l'aveuglement des préjugés et de l'obstination de l'ignorance, une réaction s'opérait en faveur de notre art national. Favorisée par le développement prodigieux des études archéologiques, cette réaction commença à devenir puissante sous le règne de Louis-Philippe. L'École protesta vainement par l'achèvement de la Madeleine, et par la construction de Notre-Dame-de-Lorette et de Saint-Vincent-de-Paul. Il fut décidé, malgré elle, qu'une renaissance du style ogival serait tentée dans l'érection de Sainte-Clotilde.

C'était faire un grand pas, mais peut-être était-il encore trop tôt. L'architecture gothique n'était pas encore prise au sérieux au sein du conseil municipal. Les édiles crurent que la question du style est chose indifférente pour un architecte; que celui qui aura réussi à construire une bourse en style grec aura une aptitude aussi grande à édifier une église en style ogival.

Il eût fallu ne pas ignorer cependant que le mode de construction employé au moyen-âge, étant essentiellement distinct de celui en usage pour les architectures grecque et romaine, nécessitait des études spéciales et solides de la part de celui à qui une pareille entreprise serait confiée.

On passa outre; un architecte quelconque fut nommé, M. Gau. C'était un homme sérieux et savant; il avait vu et décrit, non pas Amiens, Reims ou Strasbourg, mais Ibsamboul; et les hypogées de la Nubie lui avaient révélé quelques-uns de leurs secrets. Cultivant avec amour les idées égyptiennes et néo-grecques, il devait s'attendre fort peu à être condamné au gothique forcé dans ses vieux jours. Des méchants nous ont dit que M. de Rambuteau, critiqué, molesté même sur ce choix, aurait répondu, (innocente plaisanterie); que l'architecture gothique ayant tiré son origine des Goths, l'architecte élu présenterait par son nom même une garantie suffisante de son aptitude; que, du reste, un artiste de talent, M. Ballu, connu pour ses travaux sur l'acropole d'Athènes, lui serait adjoint.

Le style adopté fut celui du xive siècle, époque de transition qui n'eut pas de caractère bien tranché, et qui a laissé fort peu de monuments complets. Tout le monde sait, en effet, que pendant la première partie de cette période, l'art ogival atteignit son plus haut point de splendeur, et dans la seconde moitié, prépara sa décadence. On termina les grandes cathédrales du xiiie siècle, et on en commença d'autres qui ne s'achevèrent que vers le milieu du xve, avec le caractère de cette dernière époque, si différent et si facile à distinguer de celui des précédentes.

Il est donc à regretter que, puisqu'il s'agissait de faire un pastiche, on n'ait pas choisi de préférence le style de Philippe-Auguste et de Saint Louis, le style si grandiose de Chartres, de Reims et d'Amiens.

Néanmoins, le xive siècle une fois admis comme type de la nouvelle église, plusieurs beaux modèles se présentaient à l'étude, entre autres, la nef de Notre-Dame de Clermont, celle de Saint-Gatien de Tours et Saint-Ouen de Rouen.

La ville de Paris réservait depuis long-temps la place Belle-Chasse pour y faire construire une grande église destinée à remplacer Sainte-Valère. La Restauration se proposait de donner à la nouvelle paroisse le nom de Saint-Charles; celui de Sainte-Amélie lui fut substitué sous Louis-Philippe, et l'on se décida enfin pour Sainte-Clotilde. Les travaux commencés en 1846 furent presque complètement suspendus en 1848. Repris de nouveau l'année suivante, ils n'ont cessé d'être conduits avec activité jusqu'à nos jours, et sont assez avancés au moment où nous écrivons pour permettre d'espérer que l'église sera livrée au culte très-prochainement.

Le gros œuvre était terminé en 1854, lorsque la mort vint surprendre M. Gau et léguer à M. Ballu la succession la plus ingrate qui pût échoir à un architecte. Ce dernier dut accepter telle quelle l'œuvre de son confrère, et ne put tenter de modifications que sur la façade principale qui, d'après le plan primitif, était d'une nudité glaciale. Il augmenta la saillie des grandes portes afin d'obtenir plus de profondeur pour les voussures. L'extrados des archivoltes fut surmonté de gâbles; la face des contreforts, jusque-là nue ou décorée uniquement de petits frontons maigres et insignifiants, fut ornée de statues surmontées de baldaquins. Les archivoltes de la grande rose s'enrichirent de rinceaux et de feuilles à crochets, ainsi que l'oculus du pignon central. Les tours se terminaient en terrasse bordée d'une balustrade; M. Ballu proposa et obtint de les surmonter de flèches en pierre. Il abattit en conséquence leurs deux étages jusqu'à la naissance du grand comble, et les réédifia de manière à ce qu'elles pussent supporter ce nouveau poids. Pour prévenir tout écartement, il adossa aux angles, par un mur de jonction, les pinacles surhaussés des contre-forts de la façade. Ces changements et additions, sans être irréprochables, parlent en faveur du nouvel architecte. La façade de Sainte-Clotilde perdit, grâce à lui, beaucoup de sa sécheresse primitive et acquit plus d'ampleur et d'harmonie. Nous devons encore à M. Ballu l'ameublement et l'ornementation polychrôme de l'intérieur, travaux difficiles, dans lesquels il a toujours fait preuve d'un goût délicat et d'une grande richesse d'invention.

La façade de Sainte-Clotilde est divisée verticalement en trois parties par quatre contre-forts à ressauts, se terminant à la naissance des tours par un étagement de clochetons adossés, décorés de crochets et de fleurons. La partie centrale est surmontée d'un pignon triangulaire portant en amortissement la statue de Sainte-Clotilde. Ce pignon est décoré d'une rosace à cinq lobes, à jour, et de trois autres plus petites encadrant un trèfle et placées aux angles. Au-dessus de chaque division latérale et entre les dernières fusées des contre-forts, s'élève un clocher de forme octogone, à deux étages, surmonté d'une flèche en pierre à jour. Le premier étage, occupé par la sonnerie, est percé de quatre fenêtres à une seule baie fermées d'abat-sons décorés de gaufrures, d'ajours tréflés et de dents de scie. Le second étage, ouvert sur tous ses pans, est à air libre et toutes ses baies sont surmontées de gâbles. Les flèches bordées de crochets sont découpées de petites ouvertures ogivales trilobées et de quatre-feuilles à jour alternant avec des imbrications. Enfin, le sommet se termine à 75 mètres au-dessus du sol par une croix en fer doré, entourée d'épis.

L'ordonnance horizontale de la façade se compose, pour le premier étage, de trois grandes portes à voussures profondes, surmontées de gâbles. Un escalier de neuf degrés pratiqué entre les contreforts sert comme de soubassement à l'édifice.

Si nous gravissons les premières marches de la porte centrale, nous avons, à droite et à gauche, un stylobate uni, sans ornements, au-dessus duquel s'élèvent quatre colonnettes, dont les chapiteaux supportent la retombée des archivoltes. De chaque côté, trois statues couronnées de dais en pendentifs, figurant des châteaux-forts, remplissent l'espace laissé entre les colonnettes. La voussure, d'une richesse remarquable, se compose de quatre cordons principaux dont les intervalles subdivisés en trois parties, portent à neuf les lignes de rinceaux et de feuilles à crochets qui courent le long des archivoltes. Toute cette décoration, empruntée au règne végétal, se distingue par le charme de la variété et le fini de l'exécution. Les deux portes latérales diffèrent de la porte centrale par la différence de largeur et d'élévation. Quatre colonnettes très-rapprochées l'une de l'autre et une seule statue au dernier entre-colonnement décorent chaque ébrasure. Les archivoltes se composent de moulures toriques et d'un rinceau placé entre les deux derniers cordons.

Les trois portes sont surmontées de gâbles ornés de crossettes et terminés par des fleurons composés de trois ou quatre étages de feuilles. Le champ des gâbles s'encadre d'une charmante bordure empruntée à la porte centrale de la cathédrale de Reims; elle se compose d'une large bande subdivisée en petits compartiments carrés, dans chacun desquels s'étalent quatre feuilles délicates. Au centre, pour les deux portes latérales, s'inscrit une rose aveugle à cinq lobes remplis chacun par une large et belle feuille habilement refouillée. Les espaces triangulaires laissés entre cette rosace, la bordure et l'extrados des arcs de la voussure sont décorés, comme à Reims, d'une succession de trèfles qui vont s'amincissant jusqu'à l'extrémité la plus resserrée du champ.

Le gâble de la porte centrale est à jour et paraît reproduire, dans sa composition sculpturale, un bas-relief que l'on rencontre très-fréquemment sur les portails de nos cathédrales. Des nuages ondulés rampent sur l'extrados de l'archivolte et supportent un trône sur lequel est assis Jésus-Christ montrant ses plaies. A ses côtés s'agenouillent deux anges, l'un portant la lance, l'éponge et la sainte couronne d'épines; l'autre, la croix et les clous. Ces trois figures sculptées en ronde-bosse sont l'œuvre de M. Toussaint, et nous semblent empreintes de noblesse et d'onction. Il est à regretter peut-être qu'elles soient placées si fort en saillie en dehors du gâble, dont la corniche ne peut les protéger. Cette saillie est telle qu'elle a nécessité l'établissement d'une puissante armature en fer pour prévenir le déversement.

Le premier étage de la façade se termine par une petite balustrade composée d'arcs trilobés, en arrière de laquelle le mur est décoré d'une arcature en application, imitées l'une et l'autre de celles du croisillon septentrional de Notre-Dame de Paris. Au-dessus règne une belle frise feuillagée.

Le deuxième étage comprend deux fenêtres latérales et la grande rosace. Quatre statues protégées par des frontons décorent la face des contreforts. Les fenêtres partagées en deux baies sont ornées d'un quatre-feuilles au tympan. Au centre s'épanouit une rose environnée de plusieurs cordons toriques. Sa composition est bien simple ; au milieu, une petite rose à six lobes; autour de laquelle rayonnent seize grands arcs trilobés tangents à la circonférence; un grand arc ogival lui sert d'encadrement.

Portail de Sainte-Clotilde. (Dessin de M. A. Blanchot.)

Le troisième étage présente une galerie composée de quatre-feuilles, régnant sur tout le pourtour de l'édifice. Sur les côtés s'élèvent les tours séparées par le pignon central, auquel vient s'adosser la charpente en fer du grand comble.

Telle est la façade de Sainte-Clotilde, remaniée assez heureusement par M. Ballu, mais offrant dans beaucoup de ses parties les défauts inhérents aux retouches après construction. Les portes, décorées avec une élégance remarquable, auraient dû laisser un peu de leur richesse sur les contre-forts, dont l'ornementation insuffisante ou mal ordonnée ne déguise pas la nudité. Les statues placées en avant, n'étant pas abritées dans des niches, font assez mauvaise figure sous leurs dais mesquins et raccourcis. Comment se fait-il que les clochers du xive siècle, si élégants de forme et de décoration, n'aient pas mieux inspiré l'architecte de Sainte-Clotilde? Cette partie de l'édifice pèche en effet par la sécheresse et la raideur. Les baies sont étroites et sans meneaux; vous cherchez vainement une petite arcature, une frise feuillagée, une tête sereine ou grimaçante à la descente des arcs; vous ne voyez que des murailles nues ou épaisses sur lesquelles les flèches semblent s'appesantir plutôt que s'élancer. Il faut une longue observation pour arriver à découvrir quelques maigres gargouilles qui s'avancent timidement à la naissance des gâbles du dernier étage, et de petits clochetons grêles placés à l'amortissement des contre-forts. L'édifice paraît en quelque sorte plus léger et plus gracieux à la base qu'au sommet.

Les trois grandes ouvertures de la façade donnent entrée dans un porche à air libre, très-élevé, pratiqué au-dessous de la tribune de l'orgue, et régnant sur toute la largeur de la façade. A droite et à gauche, sont deux petites portes conduisant à l'escalier des tours; devant nous, s'ouvrent les trois grandes portes qui donnent accès dans l'église.

La porte centrale répète en partie la décoration de la façade et reçoit une statue à chaque ébrasure. Cette entrée principale manque de largeur, et eût gagné certainement à être divisée en deux parties par un trumeau. Le tympan a été sculpté par M. Toussaint. Nous y voyons le Sauveur en croix, ayant à sa droite une femme fière, la tête haute, les yeux dirigés vers le Christ. D'une main, elle reçoit le sang qui s'échappe de son côté; de l'autre, elle tient un étendard sur lequel est écrit: *Évangile*. Derrière elle s'avance Marie. A gauche de la croix, se tient une autre femme dans l'attitude de l'humiliation et de l'abattement; sa tête est penchée; ses yeux couverts d'un bandeau: c'est la Synagogue, ainsi que l'indique l'étendard qui semble s'échapper de ses mains. Vient ensuite le disciple bien-aimé. La plupart des grandes églises du moyen-âge offrent le même sujet traité d'une manière différente. Le tympan de la porte de gauche représente le baptême de Clovis; celui de droite, l'apparition de Sainte-Valère à Saint-Martial.

Si nous pénétrons dans l'édifice, la première impression que nous éprouvons est favorable. Deux rangées de piliers flanqués de légères colonnettes s'élancent jusqu'à la voûte qui les unit le plus haut possible en deux courbes gracieuses. La lumière dorée qui inonde les premières travées, s'affaiblit graduellement jusqu'au sanctuaire enveloppé d'une pénombre mystérieuse. Des chapiteaux à deux rangs de feuillages, découpés avec une rare délicatesse, s'épanouissent à la descente des archivoltes; des vitraux à personnages, des sculptures sur les murailles, des boiseries refouillées avec un art consommé, tout cet ensemble vous parait être tout d'abord une page retrouvée de cette merveilleuse épopée lapidaire du moyen-âge, dont les cathédrales de Chartres, de Reims et d'Amiens sont les immortels frontispices. Mais pourquoi faut-il que l'enthousiasme qui s'est emparé de vous s'éteigne si vite? A peine avez-vous fait quelques pas, que déjà l'espace semble vous manquer; les murailles vous pressent; vous sentez l'absence d'une idée grande, d'une conception hardie. Vous n'avez plus devant vous ces vastes espaces dallés de quartiers de roc, où le torrent de la foule pourra s'écouler à son aise ; ce n'est plus qu'un édifice de dimensions restreintes, un temple mignon construit pour une assemblée d'élite; les bas-côtés sont presque des couloirs; les fenêtres, manquent d'élancement; le triforium n'est que simulé ; la voûte n'est qu'en plâtre.

Comme l'indique la façade, l'église est divisée en trois nefs, la principale, large de 10^m 20, celles de côté de 6^m 50. La grande nef, en y comprenant la chapelle de la Sainte-Vierge, s'étend sur une longeur de 97^m 35. Les transsepts comptent 55 mètres. Les entre-colonnements sont de 5^m 70 d'axe en axe jusqu'à l'abside où ils n'ont plus que 3^m 55. La voûte s'élève à 26 mètres au-dessus du sol. Vingt-quatre piliers isolés, cantonnés de quatre colonnettes principales et de huit autres intermédiaires, séparent la nef des collatéraux, ce qui donne six travées jusqu'au transsept, deux travées pour le chœur, et sept en totalité pour l'abside. La superficie occupée par ce monument est de 5,800 mètres. La dépense nécessitée par sa construction est évaluée à 5,761,000 francs.

Si nous comparons ces dimensions avec celles des dernières églises construites à Paris, nous voyons que Sainte-Clotilde est beaucoup moins large que Notre-Dame-de-Lorette et Saint-Vincent-de-Paul; que cette dernière et la Madeleine l'emportent sur elle en élévation, mais qu'elle les dépasse toutes en longueur.

La distribution périmétrique intérieure de l'édifice est celle-ci : En entrant, deux petites chapelles pentagonales en regard l'une de l'autre, celle de gauche consacrée au baptême, celle de droite à la mort. Les cinq travées qui suivent nous conduisent directement au transsept; chacune est éclairée par une grande fenêtre géminée, ornée d'un *oculus* au tympan, au-dessous de laquelle on a eu l'heureuse idée de placer une station du chemin de la croix, sculptée dans la pierre. Aux transsepts, la paroi principale est percée de trois fenêtres, une grande géminée et deux petites, d'une seule baie ogivale tribolée. Deux statues sans couvre-chef, portées par des colonnettes accostées, décorent l'intervalle laissé entre ces fenêtres. Ce motif n'est pas heureux; il manque de légèreté, ne se relie absolument à rien de ce qui l'entoure et ne parait être qu'une superfluité de construction dont on aurait pu se passer ou tout au moins tirer un meilleur parti.

Nous arrivons aux bas-côtés du chœur. Ici le plan s'élargit et continue le développement des transsepts. Les deux premières travées donnent entrée dans une grande sacristie: la sacristie des prêtres est à l'occident, celle des chantres à l'orient. Cette grande salle communique avec le bas-côté par deux portes à linteau horizontal, orné de nombreuses moulures et de rinceaux, au-dessus duquel est percée une fenêtre géminée. L'intérieur divisé en deux parties par un grand arc ogival, est couvert d'un plafond à poutres saillantes, soigneusement chanfreinées sur les arêtes et arcboutées aux angles. La décoration murale renferme de charmants détails ; quant à l'ameublement, il est simple, très-soigné et parfaitement en harmonie avec le style de l'édifice.

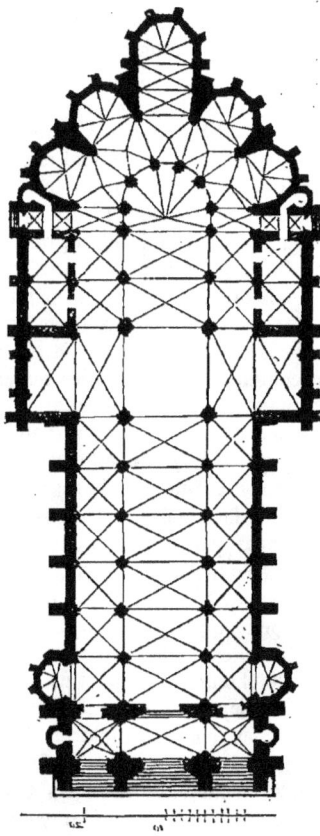

Plan de Sainte-Clotilde. (Dessin de M. A. Blanchot.)

Après la sacristie, nous trouvons une petite porte à tympan sculpté, couronné d'un gâble. Cette porte conduit au-dehors par un vestibule sur lequel débouche un escalier en spirale descendant d'une part aux caveaux doubles placés sous la sacristie, montant de l'autre à deux pièces de dégagement situées au-dessus de cette dernière, pour s'arrêter ensuite sur les combles des bas-côtés.

La position de cette porte dans l'axe de la première travée de l'abside nous paraît vicieuse. Son moindre inconvénient sera, vu le peu de largeur du bas-côté, d'établir une circulation inconvenante, pendant les offices, dans le voisinage immédiat du maître-autel et sur le parcours même que devra suivre le clergé pour se rendre au sanctuaire.

Les chapelles se composent, dans leur profondeur, d'une petite travée occupée par un confessionnal et d'une absidiole à trois pans éclairés chacun par une longue baie ogivale trilobée surmontée d'un trèfle. La chapelle de la Sainte-Vierge compte deux travées séparées par des colonnettes et prend ensuite la forme pentagonale. Tous ces charmants petits oratoires sont entièrement peints et enrichis de beaux vitraux légendaires. Les voûtes sont en bleu de ciel et constellées d'étoiles d'or; les nervures revêtent les tons les plus brillants, les chapiteaux offrent la floraison la plus variée; des entrelacs d'un riche dessin s'enroulent autour des colonnettes, et un large bandeau, imitant la mosaïque, circule comme une frange gracieuse sur les parois réservées à la grande peinture.

Nous avons à nous occuper maintenant de la grande nef et du chœur. La grande nef se compose d'une série de grands arcs formant les travées. Une arcature trilobée en application tient lieu de triforium. Au-dessus de cette dernière, s'ouvre la claire-voie composée de lancettes géminées, surmontées d'une petite rosace. Il y aurait peut-être beaucoup à dire sur l'arcature et les fenêtres; contentons-nous de faire remarquer que les proportions n'en sont pas heureuses, que l'ornementation est d'une aridité, la construction d'une lourdeur, sans égales peut-être au xive siècle. A notre avis, les fenêtres auraient gagné à être plus allongées ou divisées en trois baies plutôt qu'en deux seulement. Une grande rose s'épanouit au-dessus de l'orgue et deux autres sur la façade des croisillons. Les voûtes se composent d'arcs-doubleaux séparés par des arcs-ogives croisés, qui tous prennent naissance sur trois colonnettes réunies en faisceau, et montant d'un seul jet du sol de l'église aux chapiteaux. Une peinture trompeuse simule une construction en petit appareil. La vérité est que les compartiments des voûtes sont en plâtre, sans mélange de pierres.

Comme nous l'avons dit, le chœur se compose de deux grandes travées parallèles, prolongées par les sept autres, beaucoup plus étroites, de l'abside. Vingt-quatre stalles en chêne sculpté en forment la principale décoration. Nous n'essaierons pas un instant de les comparer aux stalles de nos anciennes cathédrales; néanmoins nous les trouvons très-remarquables. Si elles manquent d'élancement, si leur couronnement laisse à désirer, les arcatures cependant sont traitées avec soin, les enroulements de feuillages riches et bien découpés, les baldaquins supportés avec une certaine élégance. Comme celles de la plupart de nos cathédrales, elles sont adossées à un mur plein. Ce mur, qui forme la clôture du chœur, présente sur les bas-côtés une série de hauts reliefs très-remarquables. A l'est, vis-à-vis la sacristie des chantres, l'artiste a représenté le mariage de Clovis, la guérison de Clodomir, le baptême de Clovis, la mort de Sainte-Clotilde. A l'ouest, vis-à-vis la sacristie des prêtres, nous trouvons les principaux actes de la vie de sainte Valère : sa conversion, sa condamnation à mort, son martyre, son apparition à saint Martial. Ces sculptures sont surmontées d'un dais continu, composé de petits arcs à frontons couronnés de bastilles et entremêlés de petits animaux. C'est la copie exacte du couronnement de la clôture méridionale du chœur de Notre-Dame de Paris, qui date, comme l'on sait, du XIV° siècle.

L'autel placé au milieu de l'abside est précédé de trois marches et construit en liais de Créteil, pierre remarquable par la finesse de son grain et la netteté de son poli. La table porte sur le devant une petite arcature ogivale trilobée. Le dossier ou bas-rétable, disposé en trois gradins latéraux, est décoré de larges festons. Au milieu, s'élève le tabernacle, d'une belle simplicité. Il est couvert d'une corniche saillante supportée par des consoles feuillagées, au-dessus de laquelle s'élance un magnifique clocheton à deux étages, en chêne doré, surmonté d'une flèche à jour d'une composition ravissante.

L'espace laissé entre le maître-autel et l'abside est tellement restreint, que l'on se demande avec quelque inquiétude comment un orgue d'accompagnement et un nombre limité de chantres y pourront trouver place.

De l'aveu des architectes eux-mêmes, cette abside est manquée. Les entrées latérales du chœur, situées dans les premières travées du rond-point, ne présentent que 1^m 90 d'entre-colonnement, largeur bien insuffisante pour le passage des processions, surtout si l'on tient compte de l'embarras qu'occasionnent les degrés qu'il faut monter pour arriver des bas-côtés au chœur. Il eût fallu donner plus de développement à la première travée de l'abside, comme l'ont fait les architectes d'Amiens, de Beauvais, de Coutances, de Clermont, etc.

Nous ne dirons que quelques mots de l'ameublement. Il est généralement d'un dessin heureux, cependant les confessionnaux rappellent un peu trop le style anglais dont la raideur n'est pas le moindre défaut. Les autels des chapelles, tous en bois, portent comme décoration une arcature combinée de telle façon que l'arc du milieu forme presque un plein cintre. La chaire trouvera bien des admirateurs parmi les gens qui placent le léger et le gracieux au premier rang des qualités qui conviennent à la menuiserie religieuse ; nous nous contentons de la trouver jolie, tout en regrettant qu'on ne lui ait pas donné plus de sévérité et d'ampleur dans la forme.

L'orgue est presque achevé. La construction en a été confiée à M. Bellu, l'habile entrepreneur auquel nous devons la charpente de la flèche de la Sainte-Chapelle.

Les grilles de la clôture de l'abside et des chapelles nous paraissent des œuvres de serrurerie très-remarquables. On y reconnaît d'heureuses réminiscences du XIII° siècle.

L'église reçoit le jour par près de quatre-vingts fenêtres, toutes ornées de verrières peintes. La commission municipale a eu le tort, cette fois, de chercher à contenter trop de monde. Il en est résulté une discordance de tons des plus choquantes, et qui frappe l'œil le moins exercé. Les verrières de la nef, ne consistent qu'en grisailles d'un vert pâle à fond damassé ; celles du chœur, d'un ton plus épais, mais peu harmonieux, sont ornées de quelques dessins. Les baies de l'abside nous présentent de grandes figures, surmontées de baldaquins gigantesques. C'est là l'œuvre de M. Maréchal, de Metz, l'auteur des vitraux de Saint-Vincent-de-Paul. Nous le regrettons pour cet habile artiste, mais il faut bien l'avouer, ces verrières ne lui font point honneur; elles sont même tellement inférieures à certaines autres, que l'on se surprend à leur vue, à douter de son talent si hautement célébré. Un dessin lourd, des tons pâles et sans vigueur les feraient prendre pour des stores.

Si, revenant sur nos pas, nous examinons les verrières des collatéraux de la nef, nous trouvons au commencement les chapelles des fonts et de la mort, où nous reconnaissons encore l'œuvre du même peintre signalée par les mêmes défauts. Viennent ensuite, dans chaque collatéral, cinq fenêtres à deux lancettes exécutées par M. Lusson, et composées, celles de gauche, par M. Galimard, celles de droite, par M. Jourdy. Nous y voyons une série de saints personnages couronnés de dais pyramidaux, hérissés de clochetons et d'arcs-boutants peints en grisaille, et rehaussés de tons jaunes un peu uniformes. Ces figures sont généralement empreintes d'une expression religieuse et les teintes harmonieusement nuancées. N'oublions pas que c'est à M. Lusson, leur auteur, que fut confiée la restauration des admirables vitraux de la Sainte-Chapelle.

Aux transsepts, nous avons sous les yeux les verrières basses, dues à MM. Amaury-Duval et Lusson. Elles nous plaisent moins que les précédentes. Plus haut, sur les parois latérales, sont des vitraux à personnages que nous devrions plutôt appeler un bariolage sur verre, sorte de galimatias translucide dont nous tairons l'auteur.

Les trois roses sont dues à M. Émile Thibaud, de Clermont-Ferrand. De l'avis de tous les connaisseurs, c'est là l'œuvre capitale de Sainte-Clotilde. Ces roses sont peut-être la plus grande composition sur verre que l'on ait exécutée en France, depuis la renaissance du style ogival, et il est heureux que l'entreprise en ait été confiée à cet artiste tout à la fois savant, consciencieux et habile. Nous avons vu du reste, à Paris et dans plusieurs villes du centre et du midi, un grand nombre de verrières, dues à M. Thibaud, et nous avons pu constater combien est méritée l'estime que font de ses œuvres les amis éclairés de l'art chrétien.

Nous arrivons enfin aux verrières des chapelles absidales. Là, des médaillons semés sur un fond en mosaïque, dans le style du XIIIe siècle, nous développent les légendes de Saint Joseph, de la Sainte Croix, de la Sainte Vierge, de Saint Remi et de Saint Louis. Comme composition, comme exécution, ce sont des pages très-remarquables, et nous en félicitons sincèrement M. Auguste Hesse, le peintre, et MM. Laurent et Gsell, les verriers. Pourquoi a-t-il fallu que l'architecte, voulant obtenir plus de jour, le forçât à modifier les fonds primitifs de plusieurs fenêtres? En faisant perdre ainsi aux chapelles leur mystérieuse et poétique obscurité, ne s'est-il pas aperçu qu'il compromettait, presque sans motif, l'harmonieux ensemble de leurs vitraux ?

Les élévations latérales de Sainte-Clotilde prêtent trop à la critique sévère pour que nous nous y arrêtions long-temps. Nous n'y voyons que l'œuvre d'un maçon, une construction sèche que l'imagination n'a pas vivifiée. La balustrade du grand comble est alourdie par d'énormes piédestaux sans style; tous les pinacles posés à l'amortissement des contreforts sont dépourvus de crossettes ; les fenêtres des bas-côtés n'ont pas cet arc extérieur saillant d'un usage si commun au xiv° siècle ; il semble, en un mot, que quelque sieur Bacarit ait passé par là.

Il serait téméraire de traiter la question si difficile de la construction. Nous renvoyons au savant *dictionnaire d'architecture* de M. Viollet-le-Duc, ceux de nos lecteurs qui voudront se convaincre que M. Gau a cru bon en ceci de ne pas marcher sur les brisées des constructeurs du moyen-âge. Nous ferons remarquer seulement qu'il a mis des clefs à presque toutes les ogives, ce qui n'est pas très-logique, l'ogive n'étant que la réunion de deux portions de cercle qui viennent butter l'une contre l'autre à leur sommet.

En résumé, Sainte-Clotilde n'est qu'un pastiche incomplet et infidèle du style ogival. Le xiv° siècle y domine sans y être nulle part assez franchement caractérisé. L'examen attentif de l'édifice donne lieu à deux remarques, savoir : l'insuffisance des premières allocations, et le manque de conviction chez l'architecte. La plus sévère économie semble avoir présidé aux premières constructions. Un plan restreint, insuffisant même pour le chiffre de la population qui dépendra de cette paroisse; l'absence de constructions accessoires et devenues aujourd'hui indispensables, comme par exemple, une chapelle de catéchismes; économie dans le choix des matériaux; sobriété poussée jusqu'à l'extrême sécheresse dans la décoration extérieure : tout cela donne à croire que l'administration municipale, si prodigue pour la Madeleine, Notre-Dame-de-Lorette et Saint-Vincent-de-Paul, a donné dans l'excès opposé pour Sainte-Clotilde. M. Ballu, plus heureux que M. Gau, a trouvé le trésor moins rebelle, et a su en profiter; mais il était déjà bien tard, il ne pouvait plus s'agir alors de construire, mais seulement de retoucher, et la chose n'était pas toujours facile.

Il semble, de plus, que la conviction, la foi ait manqué à l'architecte. Il ne paraît pas avoir été bien persuadé que le style ogival appliqué à un édifice religieux fût préférable aux imitations du style antique ; il se contenta de faire preuve de bonne volonté, et comme les études et la conviction étaient absentes, il ne produisit qu'une œuvre bâtarde, incertaine, péniblement poursuivie dans le domaine de l'inconnu. C'était pourtant l'époque où l'on entreprenait dans toute la France la restauration des cathédrales gothiques, où la Sainte-Chapelle commençait à retrouver sa splendeur primitive, où MM. Viollet-le-Duc et Lassus construisaient la sacristie de Notre-Dame au pied de la vieille basilique qu'ils sauvaient de la ruine; c'était alors que M. Abbadie fils préparait Saint-Martial d'Angoulême, M. Lassus, Saint-Nicolas de Nantes, M. Questel, Saint-Paul de Nîmes, etc. etc. Les artistes savants et habiles ne manquaient pas, il n'y avait qu'à choisir.

Quoi qu'il en soit, Sainte-Clotilde, malgré tous ses défauts, marque un grand progrès vers le retour à notre art national. Comme édifice religieux, nous le préférons à tout ce que l'architecture a produit à Paris, depuis le commencement du siècle. Si notre critique paraît un peu sévère à nos lecteurs, ils nous excuseront et partageront tous nos regrets, lorsqu'ils sauront qu'aux portes de Paris, s'élève une charmante église en style du xiiie siècle, à trois nefs, transsepts, flèches jumelles, bien supérieure comme style à Sainte-Clotilde, et qu'un petit bourg comme Belleville a su se donner, avec quelques cent mille francs, ce que la grande capitale n'a pas obtenu avec ses millions.

AUGUSTE BLANCHOT.

www.ingramcontent.com/pod-product-compliance
Lightning Source LLC
Chambersburg PA
CBHW060454050426
42451CB00014B/3317